AF187613

Impressum
Verlag: BABADADA GmbH, Nedderfeld 112 , 22529 Hamburg
Geschäftsführer / Verlagsleitung: Harald Hof
Druck: Books on Demand GmbH, In de Tarpen 42, 22848 Norderstedt

Imprint
Publisher: BABADADA GmbH, Nedderfeld 112 , 22529 Hamburg, Germany
Managing Director / Publishing direction: Harald Hof
Print: Books on Demand GmbH, In de Tarpen 42, 22848 Norderstedt

škola
okul

dijeliti
böl

186/2

tabla
tahta

učionica
sınıf

školsko dvorište
okul bahçesi

učitelj, nastavnik
öğretmen

papir
kağıt

olovka
kalem

pisaći sto
masa

lenjir
cetvel

pisati
yazmak

knjiga
kitap

učenik
öğrenci

torba
okul çantası

pernica
kalemlik

drvena olovka
kurşun kalem

šiljalo za olovke
kalem açacağı

gumica
silgi

blok za crtanje
çizim defteri

crtež

çizim

kist

resim fırçası

kutija s bojama

boya kutusu

makaze

makas

ljepilo

tutkal

vježbanka

alıştırma kitabı

domaća zadaća

ödev

broj

sayı

sabirati

ekle

oduzimati

çıkar

množiti

çarp

računati

hesapla

slovo

harf

abeceda

alfabe

riječ

kelime

tekst

metin

čitati

okumak

kreda

tebeşir

sat

ders

školski dnevnik

kayıt

ispit

sınav

svjedočanstvo

sertifika

školska uniforma

okul forması

izobrazba

eğitim

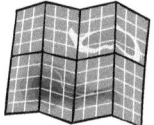

leksikon

ansiklopedi

univerzitet

üniversite

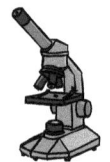

mikroskop

mikroskop

karta

harita

korpa za papir

kağıt çöp kutusu

hotel
otel

Grand

hostel
pansiyon

ROOMS

mjenjačnica
döviz bürosu

EXCHANGE

kofer
bavul

auto
otomobil

jezik
dil

da / ne
evet / hayır

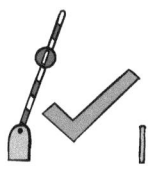

okej
Tamam

zdravo
merhaba

tumač
çevirmen

hvala
Teşekkür ederim

Koliko košta...?

bu ... ne kadar?

Ne razumijem

anlamadım

problem

problem

dobro veče!

İyi akşamlar!

Dobro jutro!

Günaydın!

Laku noć!

İyi geceler!

doviđenja

güle güle

smjer

yön

prtljag

bagaj

torba

çanta

ruksak

sırt çantası

gost

misafir

soba

oda

vreća za spavanje

uyku tulumu

šator

çadır

putovanje - seyahat

turističke informacije

turist danışma

plaža

sahil

kreditna kartica

kredi kartı

doručak

kahvaltı

ručak

öğle yemeği

večera

akşam yemeği

putna karta

Bilet

lift

asansör

poštanska markica

pul

granica

sınır

carina

gümrük

ambasada

elçilik

viza

vize

pasoš

pasaport

putovanje - seyahat

7

transport
ulaşım

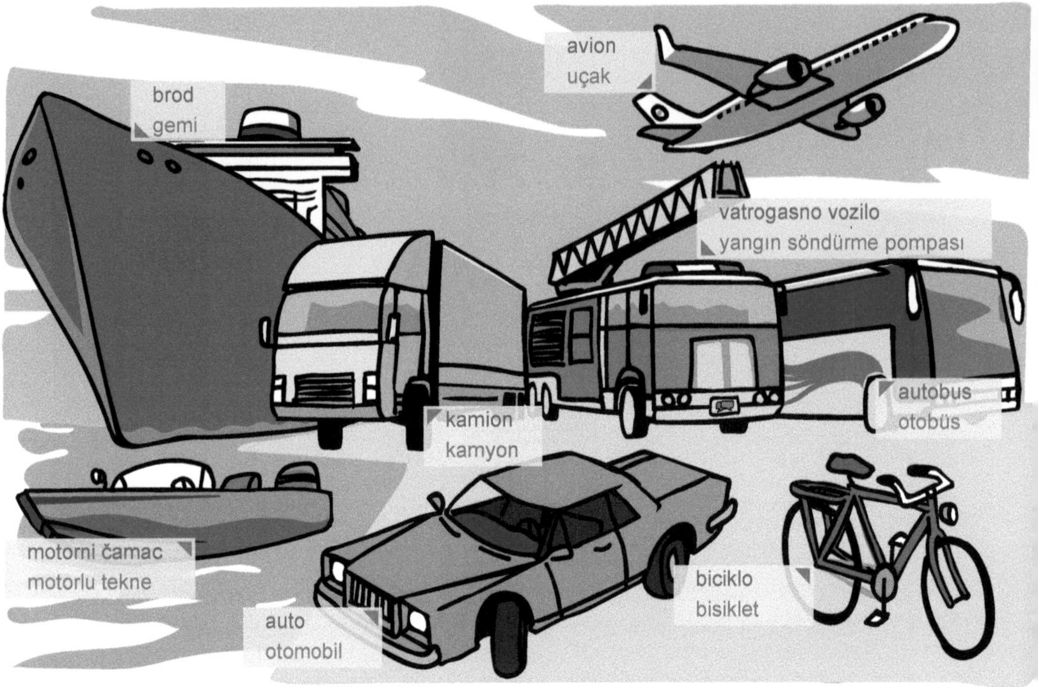

avion
uçak
brod
gemi
vatrogasno vozilo
yangın söndürme pompası
autobus
otobüs
kamion
kamyon
motorni čamac
motorlu tekne
biciklo
bisiklet
auto
otomobil

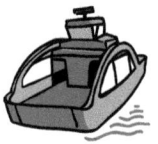

trajekt

feribot

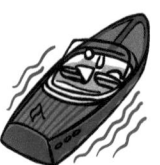

brod

bot

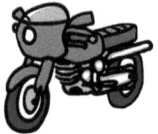

motocikl

motosiklet

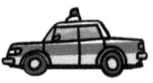

policijski automobil

polis arabası

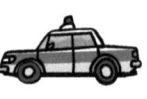

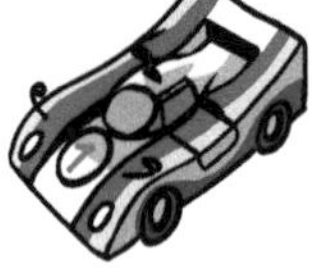

trkaći automobil

yarış arabası

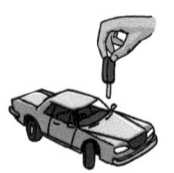

unajmljeni automobil

kiralık araba

kar-šering

ortak araba

pauk

çekici

smećarsko vozilo

çöp kamyonu

motor

motor

gorivo

yakıt

benzinska pumpa

benzinlik

saobraćajni znak

trafik işareti

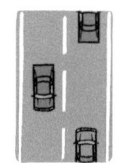

saobraćaj

trafik

zastoj

trafik sıkışıklığı

parking

otopark

željeznička stanica

tren istasyonu

šine

ray

voz

tren

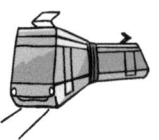

tramvaj

tramvay

vagon

vagon

helikopter

helikopter

aerodrom

havaalanı

toranj

kule

putnik

yolcu

kontejner

konteyner

karton

koli

tačke

yük arabası

korpa

sepet

poletjeti / sletjeti

kalkış / iniş

grad

şehir

selo

köy

centar grada

şehir merkezi

kuća

ev

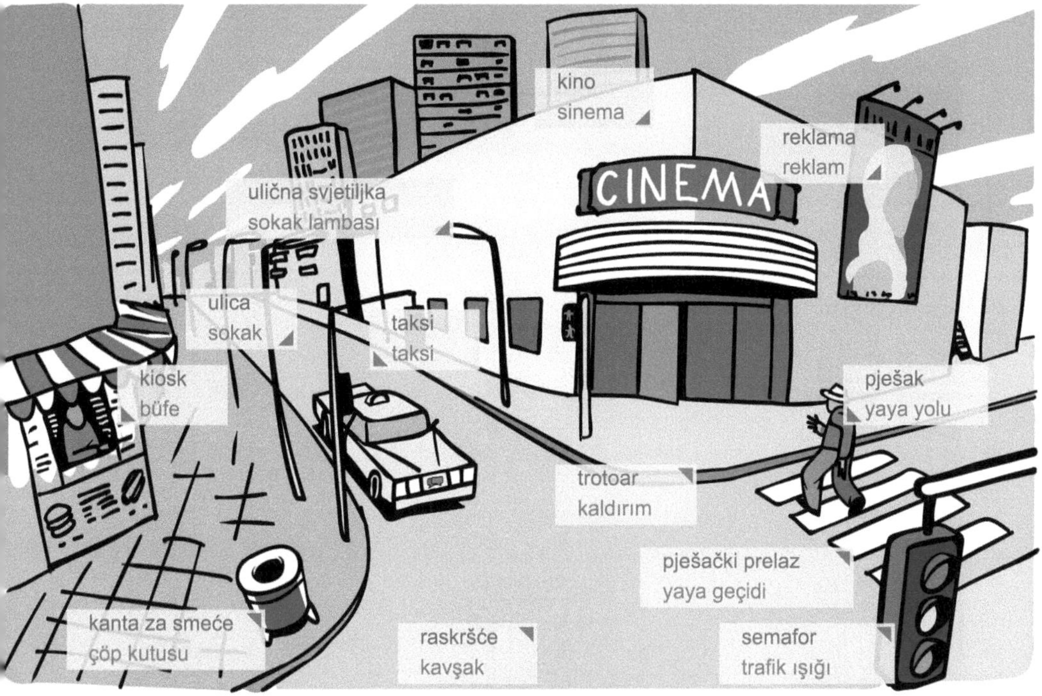

kino
sinema

reklama
reklam

ulična svjetiljka
sokak lambası

CINEMA

ulica
sokak

taksi
taksi

kiosk
bűfe

pješak
yaya yolu

trotoar
kaldırım

pješački prelaz
yaya geçidi

kanta za smeće
çöp kutusu

raskršće
kavşak

semafor
trafik ışığı

koliba

kulübe

stan

apartman dairesi

željeznička stanica

tren istasyonu

vjećnica

belediye binası

muzej

müze

škola

okul

grad - şehir

univerzitet

üniversite

banka

banka

bolnica

hastane

hotel

otel

apoteka

eczane

ured

ofis

knjižara

kitapçı

radnja

mağaza

cvjećara

çiçekçi

supermarket

süpermarket

pijaca

market

robna kuća

büyük mağaza

prodavač ribe

balık satıcısı

trgovački centar

alışveriş merkezi

luka

liman

park

park

klupa

bank

most

köprü

stepenice

merdiven

podzemna željeznica

metro

tunel

tünel

autobuska stanica

otobüs durağı

bar

bar

restoran

restoran

poštanski sandučić

posta kutusu

saobraćajni znak

sokak tabelası

sat za naplatu parkinga

otopark sayacı

zološki vrt

hayvanat bahçesi

bazen

yüzme havuzu

džamija

cami

seosko imanje	zagađenje okoline	groblje
çiftlik	kirlilik	mezarlık

crkva	igralište	hram
kilise	oyun alanı	tapınak

krajolik
arazi

list
yaprak

putokaz
yön tabelası

putokaz
yol

livada
çayır

kamen
taş

drvo
ağaç

putnik
yürüyüşçü

rijeka
ırmak

trava
çimen

cvijet
çiçek

dolina
vadi

brdo
tepe

jezero
göl

šuma
orman

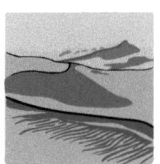

pustinja
çöl

vulkan
volkan

dvorac
kale

duga
gökkuşağı

gljiva
mantar

palma
palmiye

komarac
sivrisinek

muha
sinek

mrav
karınca

pčela
arı

pauk
örümcek

buba
böcek

žaba
kurbağa

vjeverica
sincap

jež
kirpi

zec
yabani tavşan

sova
baykuş

ptica
kuş

labud
kuğu

divlja svinja
yaban domuzu

jelen
geyik

los
geyik

brana
baraj

vjetrenjača
rüzgar türbini

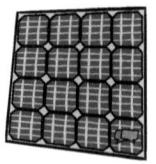

solarni modul
güneş paneli

klima
iklim

konobar
garson

jelovnik
menü

stolica
sandalye

supa
çorba

pica
pizza

pribor za jelo
çatal - bıçak

stolnjak
masa örtüsü

predjelo
başlangıç

glavno jelo
ana yemek

desert
tatlı

piće
içecekler

jelo
yemek

flaša
şişe

brza hrana

fastfood

jelo sa ulice

sokak yemeği

čajnik

çaydanlık

šećernica

şekerlik

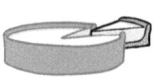

porcija

porsiyon

mašina za espreso

espresso makinesi

barska stolica

mama sandalyesi

račun

fatura

tacna

tepsi

nož

bıçak

viljuška

çatal

kašika

kaşık

kašičica

çay kaşığı

salveta

servis peçetesi

čaša

bardak

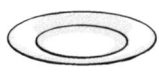

tanjir

tabak

tanjir za supu

čorba kasesi

tanjurić

fincan altlığı

sos

sos

solanik

tuzluk

mlin za biber

karabiber değirmeni

sirće

sirke

ulje

yağ

začini

baharat

kečap

ketçap

senf

hardal

majoneza

mayonez

supermarket
süpermarket

ponuda
özel teklif
FOR
klijent
müşteri
mliječni proizvodi
süt ürünleri
voće
meyve
kolica za kupovinu
alışveriş arabası

BUTCHERS

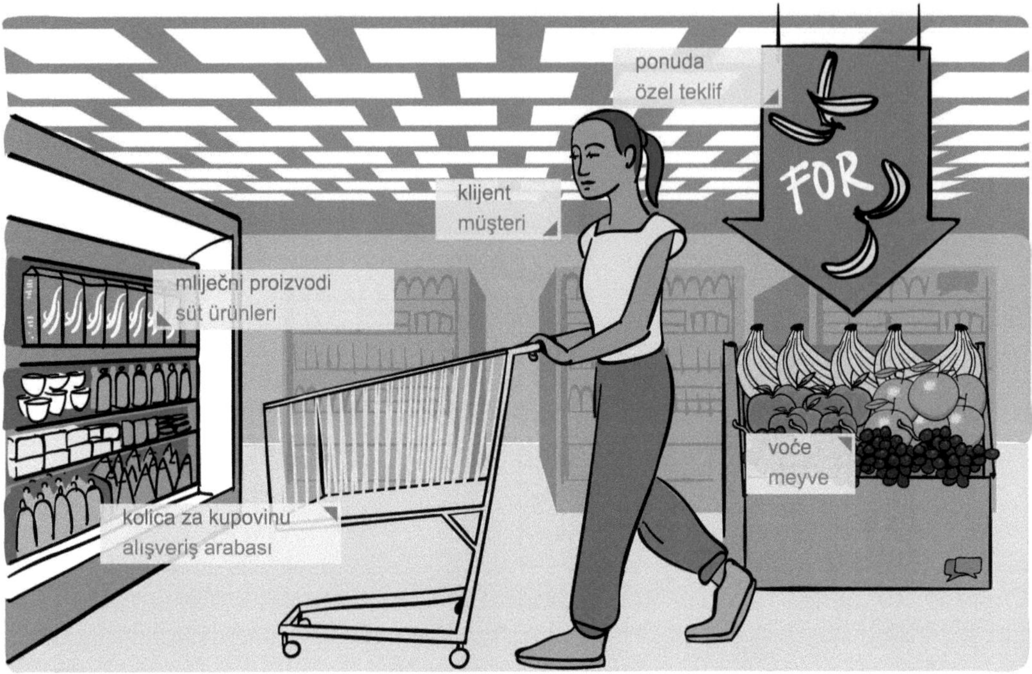

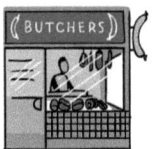

mesnica- klaonica

kasap

BAKERY

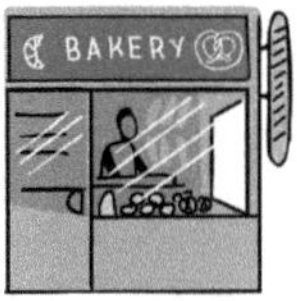

pekara

fırın

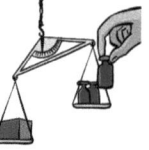

vagati

tartmak

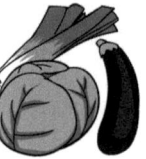

povrće

sebze

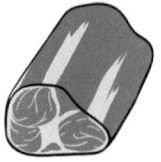

meso

et

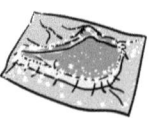

zaleđena hrana

donmuş gıda

narezak

söğüş et

konzerve

konserve yiyecek

prašak za veš

toz deterjan

slatkiši

şekerlemeler

kućanski proizvodi

ev temizlik ürünleri

sredstvo za čišćenje

temizlik ürünleri

prodavačica

satış görevlisi

kasa

yazar kasa

blagajnik

kasiyer

lista za kupovinu

alışveriş listesi

radno vrijeme

açılış saatleri

novčanik

cüzdan

kreditna kartica

kredi kartı

torba

çanta

najlonska vrećica

plastik poşet

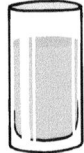

voda
....
su

sok
....
meyve suyu

mlijeko
....
süt

kola
....
kola

vino
....
şarap

pivo
....
bira

alkohol
....
alkol

kakao
....
kakao

čaj
....
çay

kafa
....
kahve

espreso
....
espresso

kapućino
....
kapuçino

banana

muz

jabuka

elma

narandža

portakal

lubenica

kavun

limun

limon

mrkva

havuç

bijeli luk

sarımsak

bambus

bambu

crveni luk

soğan

gljiva

mantar

orašasti plodovi

çerez

pasta

makarna

špagete

spagetti

riža

pirinç

salata

salata

pomfrit

cips

pečeni krompir

patates kızartması

pica

pizza

hamburger

hamburger

sendvič

sandviç

šnicla

şinitzel

šunka

pastırma

kobasica

salam

kobasica

sosis

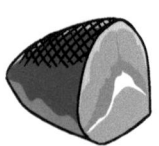

kokoš

tavuk

pečenje

rosto

riba

balık

zobene pahuljice

yulaf ezmesi

muzli

müsli

kornfleks

mısır gevreği

brašno

un

kroason

kruvasan

zemičke

küçük ekmek

kruh

ekmek

tost

tost

keksi

bisküvi

maslac

tereyağı

svježi sir

kaymak

kolač

kek

jaje

yumurta

jaje na oko

sahanda yumurta

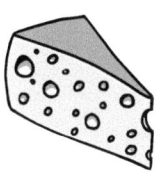

sir

peynir

sladoled
dondurma

šećer
şeker

med
bal

marmelada
reçel

nugat krema
fındık ezmesi

kuri
köri

seosko imanje
çiftlik

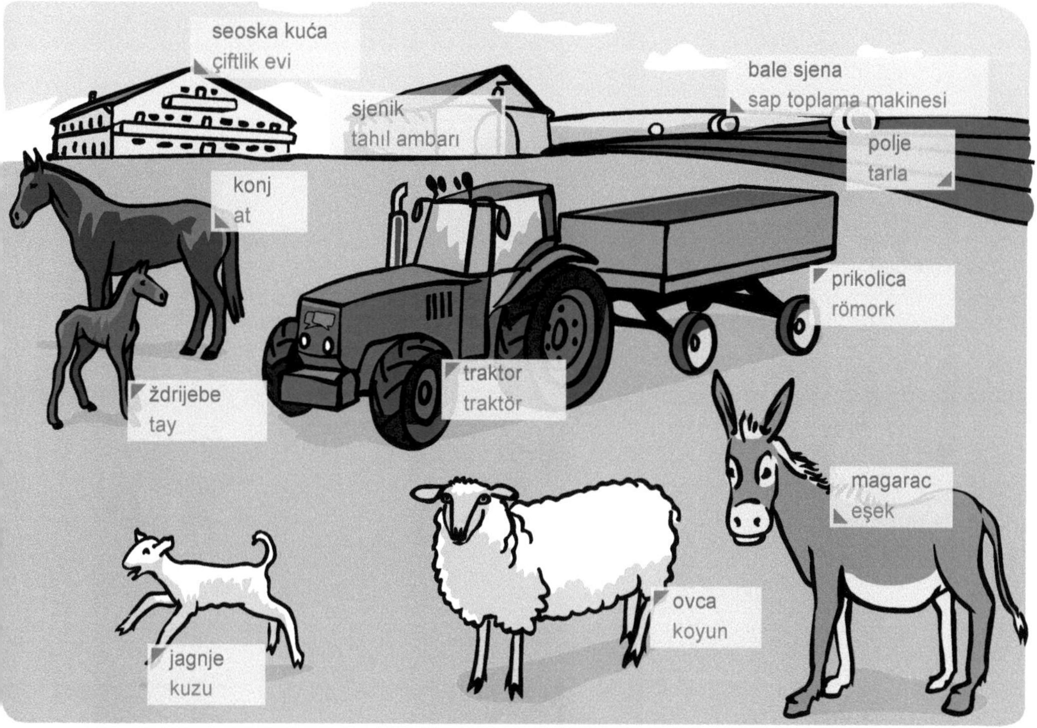
seoska kuća
çiftlik evi
sjenik
tahıl ambarı
bale sjena
sap toplama makinesi
polje
tarla
konj
at
prikolica
römork
traktor
traktör
ždrijebe
tay
magarac
eşek
ovca
koyun
jagnje
kuzu

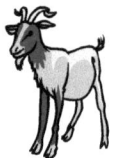

koza
keçi

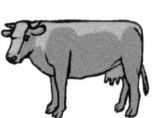

krava
inek

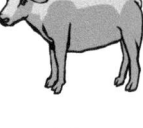

tele
buzağı

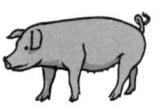

svinja
domuz

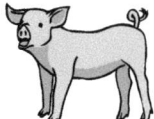

prase
domuz yavrusu

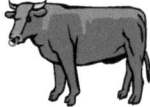

bik
boğa

guska

kaz

patka

ördek

pile

civciv

kokoška

tavuk

pjetao

horoz

pacov

sıçan

mačka

kedi

miš

fare

vol

öküz

pas

köpek

pseća kućica

köpek kulübesi

crijevo za baštu

bahçe hortumu

kanta za zalijevanje

sulama kabı

kosa

tırpan

plug

pulluk

srp

orak

motika

çapa

vile

dirgen

sjekira

balta

tačke

el arabası

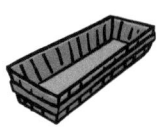

korito

yemlik

bokal za mlijeko

süt kovası

vreća

çuval

ograda

çit

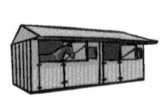

štala

ahır

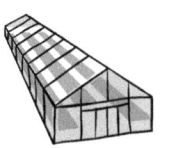

staklenik

sera

tlo

toprak

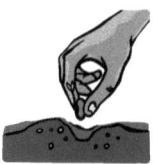

sjeme

tohum

đubrivo

gübre

kombajn

biçerdöver

kositi

hasat etmek

žetva

harman

jam korijen

tatlı patates

pšenica

buğday

soja

soya

krompir

patates

kukuruz

mısır

uljana repica

kolza

drvo voća

meyve ağacı

manioka

manyok

žito

hububat

30 seosko imanje - çiftlik

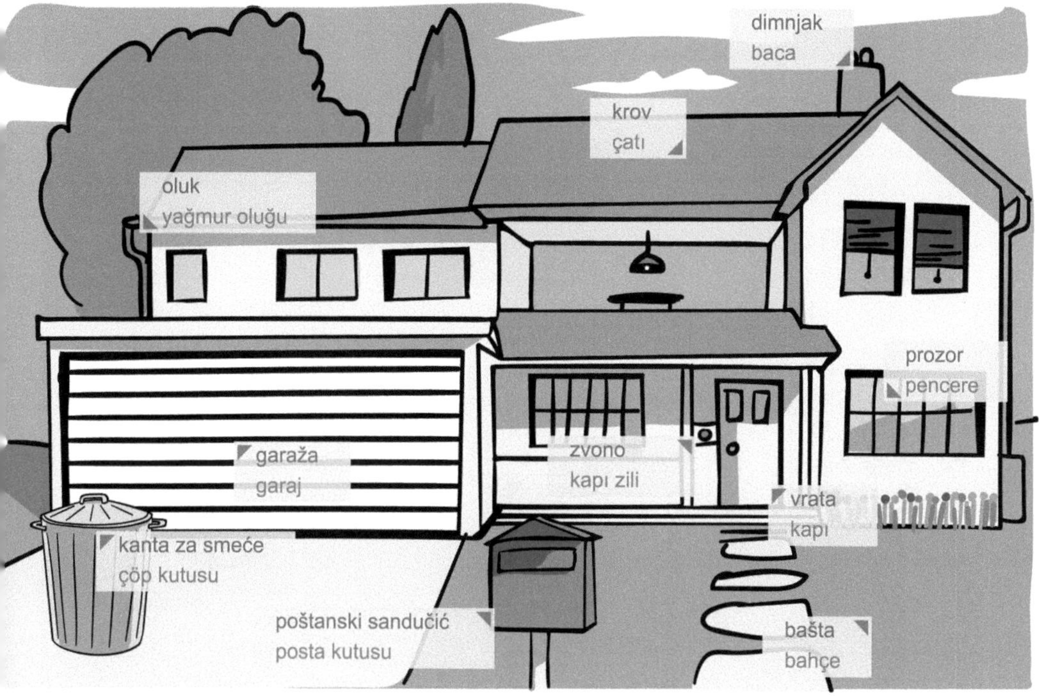

dimnjak
baca

krov
çatı

oluk
yağmur oluğu

prozor
pencere

garaža
garaj

zvono
kapı zili

vrata
kapı

kanta za smeće
çöp kutusu

poštanski sandučić
posta kutusu

bašta
bahçe

dnevni boravak

oturma odası

kupatilo

banyo

kuhinja

mutfak

spavaća soba

yatak odası

dječija soba

çocuk odası

trpezarija

yemek odası

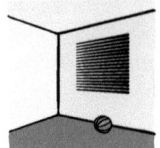

pod, tlo

zemin

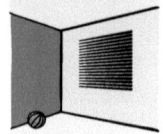

zid

duvar

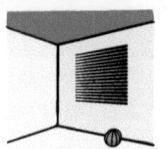

plafon

tavan

podrum

kiler

sauna

sauna

balkon

balkon

terasa

teras

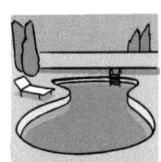

bazen

havuz

kosilica

çim biçme makinesi

posteljina

çarşaf

pokrivač

yatak örtüsü

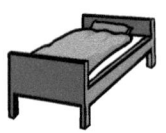

krevet

yatak

metla

süpürge

kanta

kova

prekidač

anahtar

dnevni boravak
oturma odası

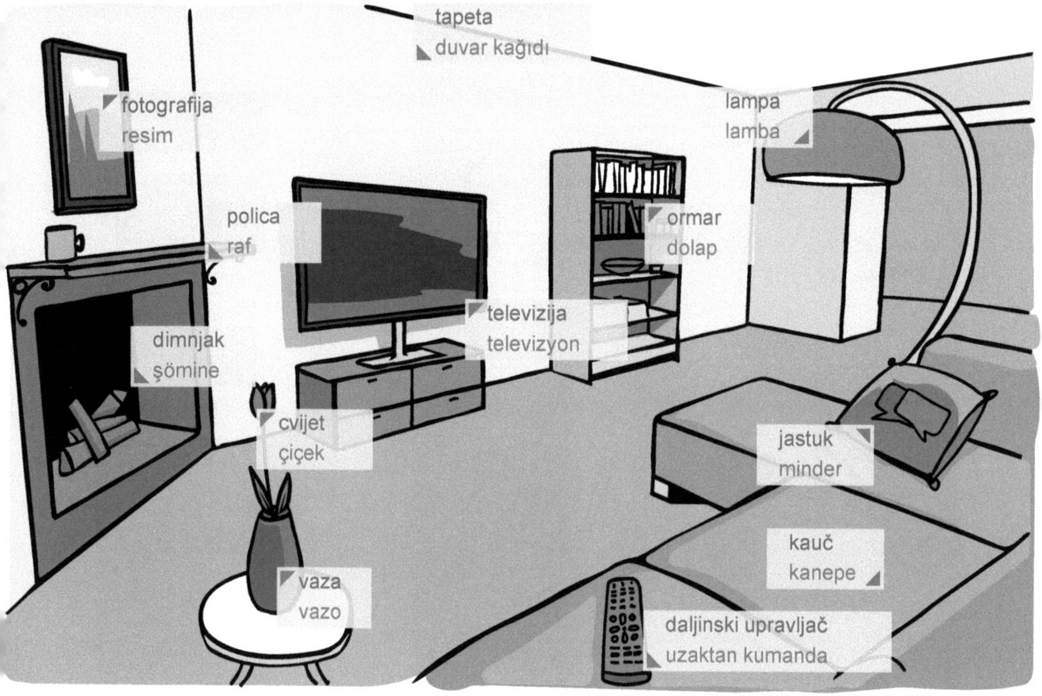
tapeta
duvar kağıdı
fotografija
resim
lampa
lamba
polica
raf
ormar
dolap
televizija
televizyon
dimnjak
şömine
cvijet
çiçek
jastuk
minder
kauč
kanepe
vaza
vazo
daljinski upravljač
uzaktan kumanda

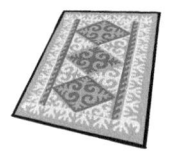

tepih

halı

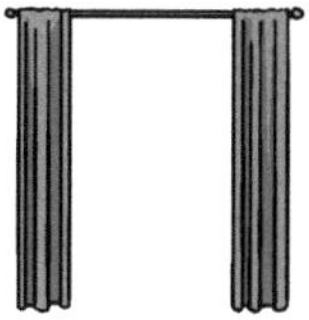

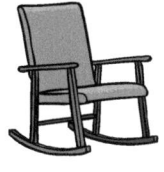

zavjesa

perde

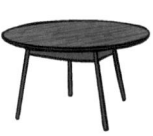

stol

masa

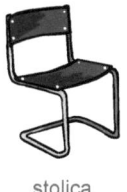

stolica

sandalye

stolica za ljuljanje

salıncaklı koltuk

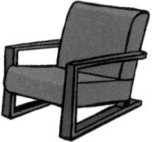

fotelja

koltuk

knjiga

kitap

deka

battaniye

dekoracija

dekor

ložno drvo

odun

film

film

stereo uređaj

hi-fi

ključ

anahtar

novine

gazete

umjetnička slika

tablo

poster

poster

radio

radyo

blok za bilješke

defter

usisavač

elektrikli süpürge

kaktus

kaktüs

svijeća

mum

kuhinja
mutfak

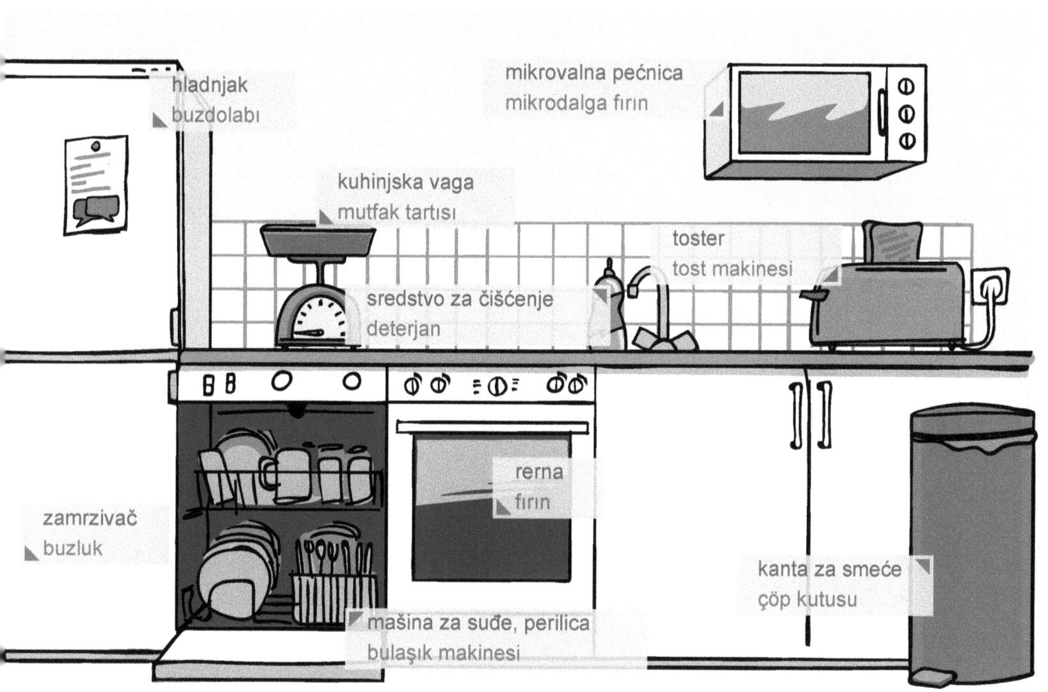
hladnjak
buzdolabı
mikrovalna pećnica
mikrodalga fırın
kuhinjska vaga
mutfak tartısı
toster
tost makinesi
sredstvo za čišćenje
deterjan
rerna
fırın
zamrzivač
buzluk
kanta za smeće
çöp kutusu
mašina za suđe, perilica
bulaşık makinesi

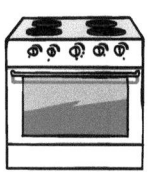

peć
ocak

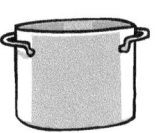

lonac
tencere

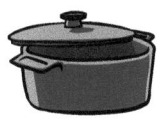

metalni lonac
döküm tencere

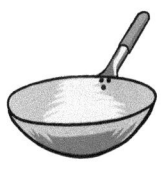

vok / kadai
wok

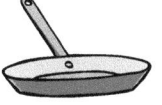

tava, tiganj
tava

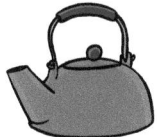

kuhalo
su ısıtıcı

aparat za kuhanje na pari
buharlı pişirici

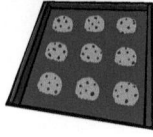

lim za pečenje
pişirme tepsisi

posuđe
tabak takımı

šalica
kupa

činija
kase

kineski štapići
çubuk (çin yemeği)

kutlača
kepçe

lopatica
spatula

metlica za snijeg bjelanjca

çırpma teli

sito za kuhanje
süzgeç

sito
elek

ribež
rende

avan s tučkom
havan

roštilj
barbekü

ložište
açık ateş

daska

kesme tahtası

oklagija

merdane

vadičep

tirbüşon

konzerva

konserve kutusu

otvarač za konzerve

konserve açacağı

krpe za lonac

fırın eldiveni

sudoper

evye

četka

fırça

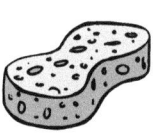

spužva

sünger

mikser

blender

zamrzivač

derin dondurucu

flašica za bebu

biberon

slavina

musluk

kupatilo
banyo

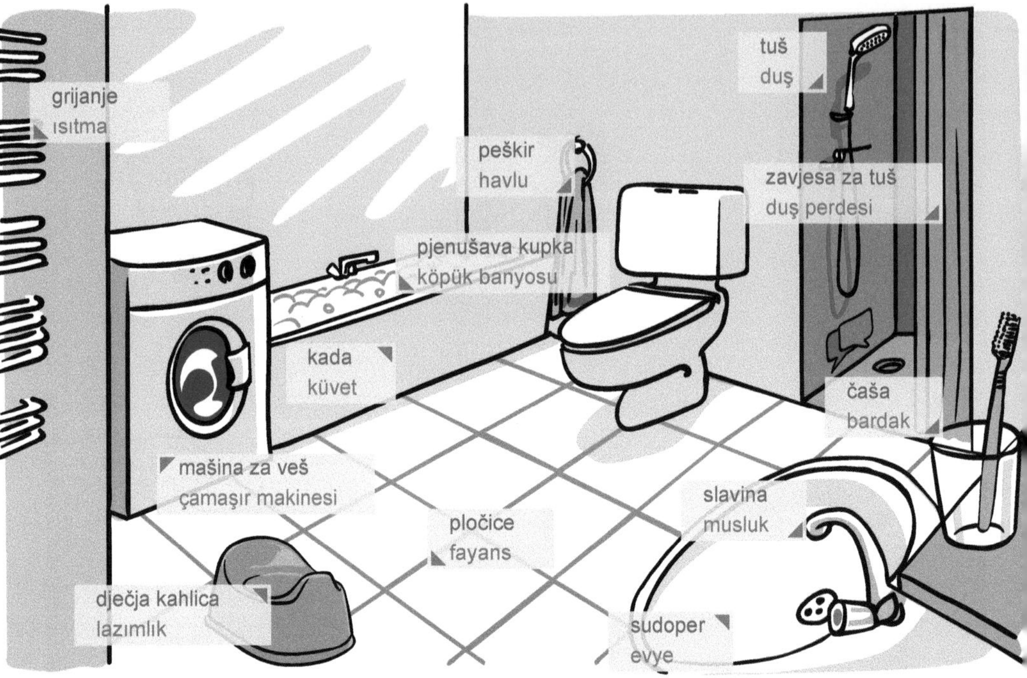
grijanje
ısıtma
peškir
havlu
tuš
duş
zavjesa za tuš
duş perdesi
pjenušava kupka
köpük banyosu
kada
küvet
čaša
bardak
mašina za veš
çamaşır makinesi
slavina
musluk
pločice
fayans
dječja kahlica
lazımlık
sudoper
evye

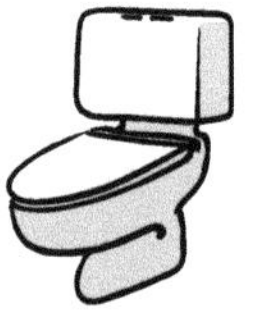

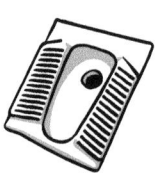

toalet

tuvalet

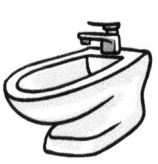

čučavac

alaturka tuvalet

bide

bide

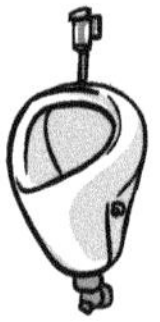

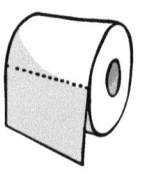

pisoar

pisuvar

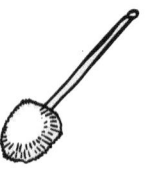

toalet papir

tuvalet kağıdı

četka za wc

tuvalet fırçası

četkica za zube

diş fırçası

pasta za zube

diş macunu

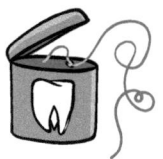

zubni konac

diş ipi

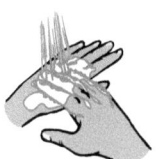

prati

yıkamak

tuš

duş başlığı

intimni tuš

duş başlığı şeklinde taharet musluğu

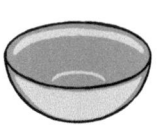

lavor

küvet

četka za leđa

banyo fırçası

sapun

sabun

gel za tuširanje

duş jeli

šampon

şampuan

krpe za pranje

banyo lifi

odvod

gider

krema

krem

dezodorans

deodorant

ogledalo

ayna

ogledalo za šminkanje

el aynası

brijač

jilet

pjena za brijanje

tıraş köpüğü

vodica poslije brijanja

tıraş losyonu

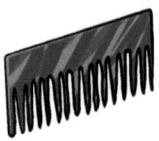

češalj

tarak

četka

fırça

fen

saç kurutma makinesi

sprej za kosu

saç spreyi

puder

makyaj

karmin

ruj

lak za nokte

tırnak cilası

vata

pamuk

makazice za nokte

tırnak makası

parfem

parfüm

kozmetička torbica
....
makyaj çantası

hoklica
....
tabure

vaga
....
tartı

kupaći ogrtač
....
bornoz

rukavice za čišćenje
....
lastik eldiven

tampon
....
tampon

uložak za dame
....
kadın pedi

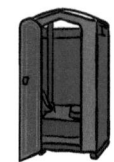

hemijski toalet
....
kimyevi tuvalet

dječija soba
çocuk odası

budilnik
çalar saat
plišana igračka
peluş oyuncak
auto za igru
oyuncak araba
zvečka
çıngırak
kućica za lutke
bebek evi
poklon
hediye

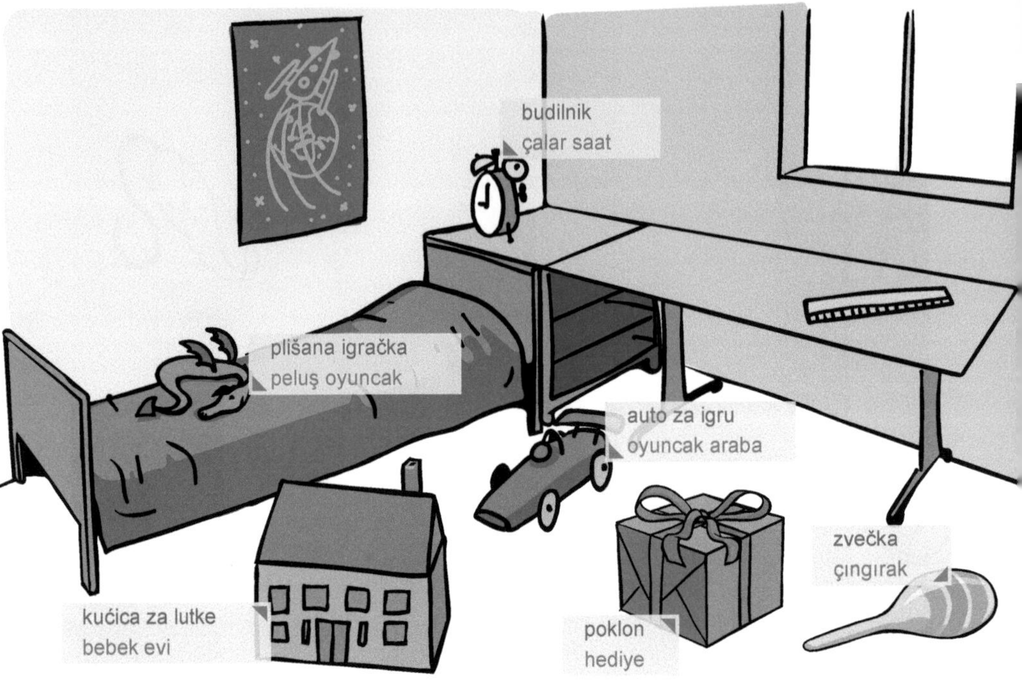

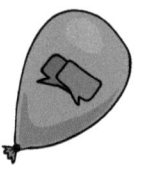

balon

balon

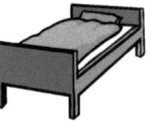

krevet

yatak

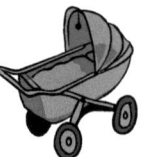

kolica za djecu

bebek arabası

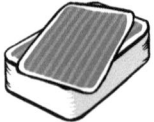

karte za igranje

kart destesi

puzle

yapboz

SUPER
MEGA

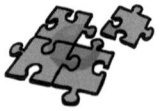

strip

çizgi roman

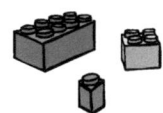

lego kockice

lego tuğlaları

kockice za gradnju

lego blokları

akcione figure

aksiyon figürü

benkica

zıbın

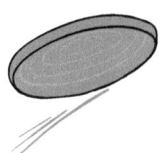

frizbi

frizbi

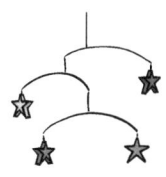

mobile

dönence

igra na ploči

masa oyunu

kocka

zar

miniatura željeznice

model tren seti

cucla

emzik

zabava

parti

slikovnica

resimli kitap

lopta

top

lutka

oyuncak bebek

igrati

oynamak

pješćanik

kum havuzu

ljuljačka

salıncak

igračke

oyuncaklar

konzola za igru

video oyun konsolu

triciklo

üç tekerlekli bisiklet

medvjedić

oyuncak ayı

ormar

gardırop

odjeća

kıyafet

kratke čarape

çorap

čarape

külotlu çorap

hulahopke

tayt

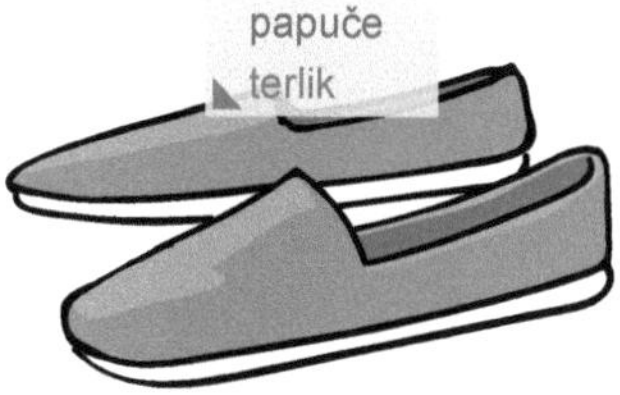

šal
eşarp

kišobran
şemsiye

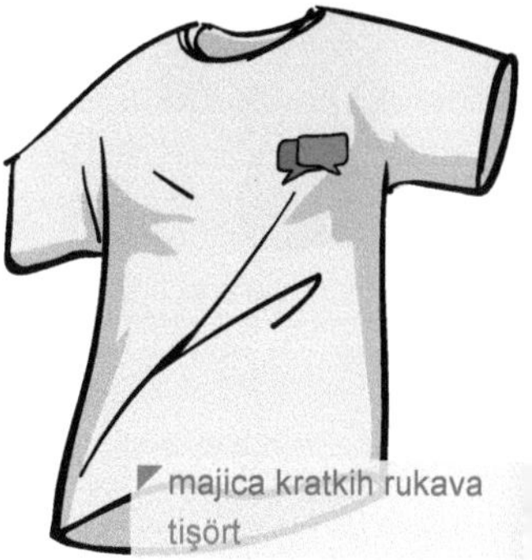

majica kratkih rukava
tişört

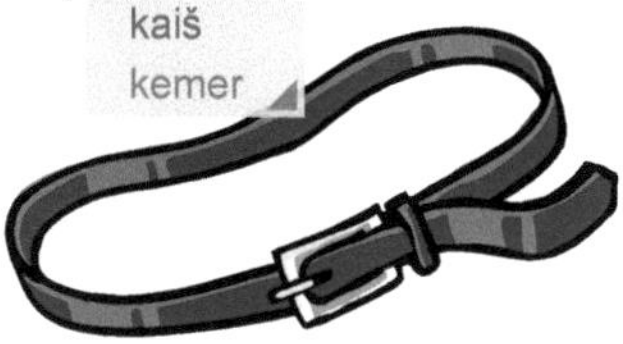

kaiš
kemer

čizme
bot

papuče
terlik

patike
spor ayakkabı

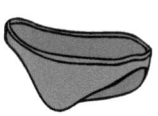

sandale
sandalet

cipele
ayakkabı

gumene čizme
lastik çizme

gaće
külot

grudnjak
sütyen

potkošulja
yelek

odjeća - kıyafet

bodi

dar bluz

hlače

pantolon

farmerke

kot pantolon

suknja

etek

bluza

bluz

košulja

gömlek

džemper

kazak

majica

süveter

sako

blazer

jakna

ceket

mantil

mont

kišni mantil

yağmurluk

kostim

kostüm

haljina

elbise

vjenčanica

gelinlik

odijelo

takım elbise

spavaćica

gecelik

pidžama

pijama

sari

sari

marama

baş örtüsü

turban

türban

burka

burka

kaftan

kaftan

abaja

çarşaf

kupaći kostim

mayo

kupaće gaće

erkek mayosu

kratke hlače

şort

trenerka

eşofman

pregača

önlük

rukavice

eldiven

dugme

düğme

naočare

gözlük

narukvica

bilezik

ogrlica

kolye

prsten

yüzük

naušnica

küpe

kapa

kep

vješalica

portmanto

šešir

şapka

kravata

kravat

patentni zatvarač

fermuar

kaciga

kask

tregeri za hlače

pantolon askısı

školska uniforma

okul forması

uniforma

üniforma

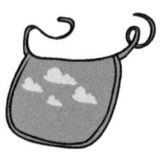

podbradak

mama önlüğü

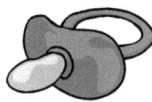

cucla

emzik

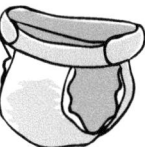

pelene

bebek bezi

ured
ofis

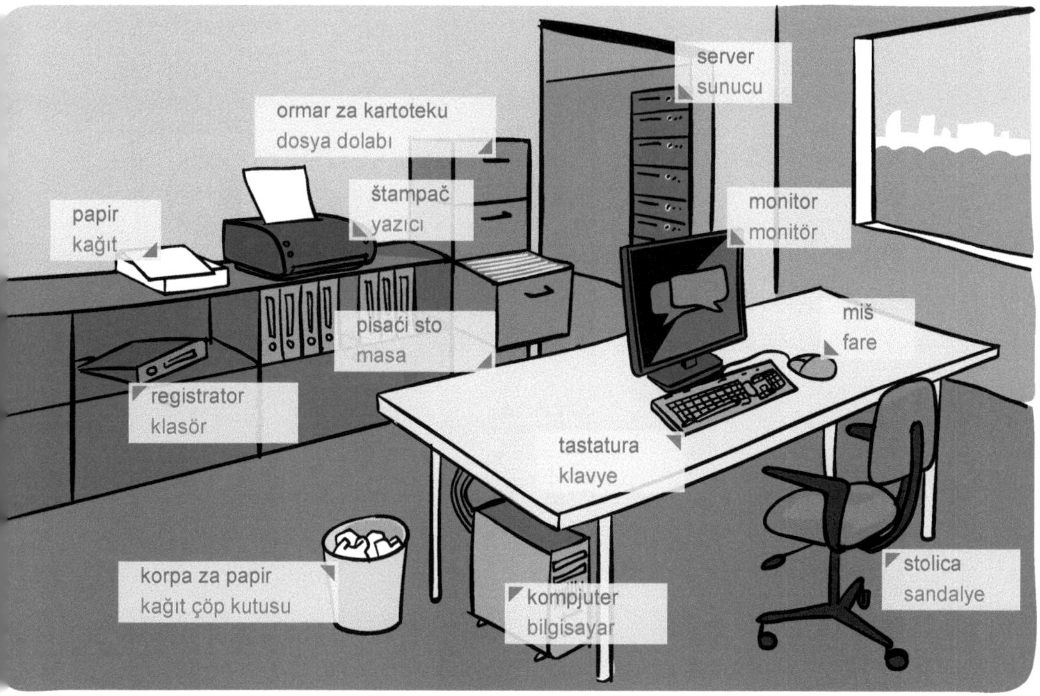

server
sunucu
ormar za kartoteku
dosya dolabı
štampač
yazıcı
papir
kağıt
monitor
monitör
pisaći sto
masa
miš
fare
registrator
klasör
tastatura
klavye
korpa za papir
kağıt çöp kutusu
kompjuter
bilgisayar
stolica
sandalye

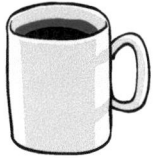

šolja za kafu

kahve fincanı

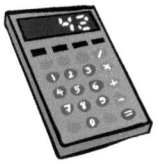

kalkulator

hesap makinesi

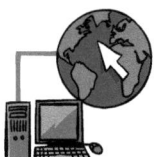

internet

internet

laptop

dizüstü

pismo

mektup

poruka

mesaj

mobilni telefon

cep telefonu

mreža

ağ

aparat za kopiranje

fotokopi makinesi

softver

yazılım

telefon

telefon

utičnica

priz

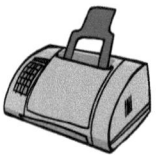

faks

faks makinesi

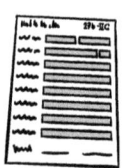

formular

form

dokument

belge

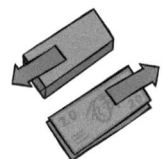

kupovati

satın almak

platiti

ödemek

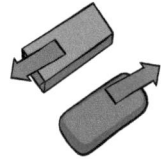

trgovati

ticaret yapmak

novac

para

dolar

dolar

euro

avro

jen

yen

rublja

ruble

franak

İsviçre frangı

renminbi jen

Çin yuanı

rupi

rupi

bankomat

kasa

mjenjačnica

döviz bürosu

zlato

altın

srebro

gümüş

nafta

petrol

energija

enerji

cijena

fiyat

ugovor

kontrat

porez

vergi

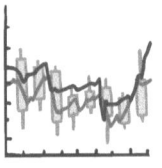

akcija

menkul değer

raditi

çalışmak

službenik

işveren

poslodavac

işçi

fabrika

fabrika

radnja

mağaza

zanimanja
meslekler

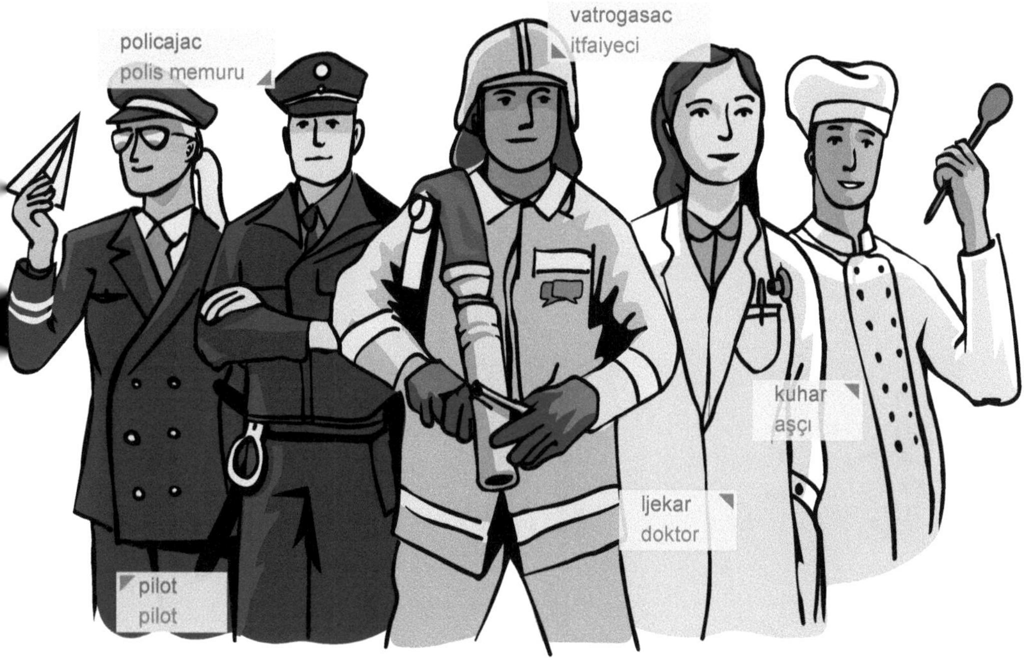
vatrogasac
itfaiyeci
policajac
polis memuru
kuhar
aşçı
ljekar
doktor
pilot
pilot

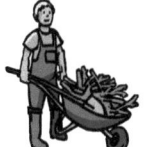

baštovan

bahçıvan

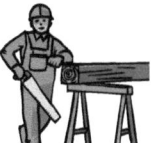

stolar

marangoz

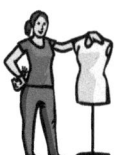

krojačica

terzi

sudija

hakim

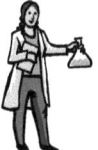

hemičar

kimyager

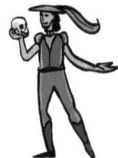

glumac

aktör

vozač autobusa

otobüs şoförü

vozač taksija

taksi şoförü

ribar

balıkçı

čistačica

temizlikçi

krovopokrivač

çatı ustası

konobar

garson

lovac

avcı

moler

boyacı

pekar

fırıncı

električar

elektrikçi

građevinski radnik

inşaatçı

inženjer

mühendis

koljač

kasap

limar, vodoinstalater

muslukçu

poštar

postacı

vojnik

asker

arhitekta

mimar

blagajnik

kasiyer

cvjećar

çiçekçi

frizer

kuaför

kontrolor

kondüktör

mehaničar

tamirci

kapiten

kaptan

zubar

dişçi

naučnik

bilim insanı

rabin

haham

imam

imam

monah

keşiş

sveštenik

rahip

alat
aletler

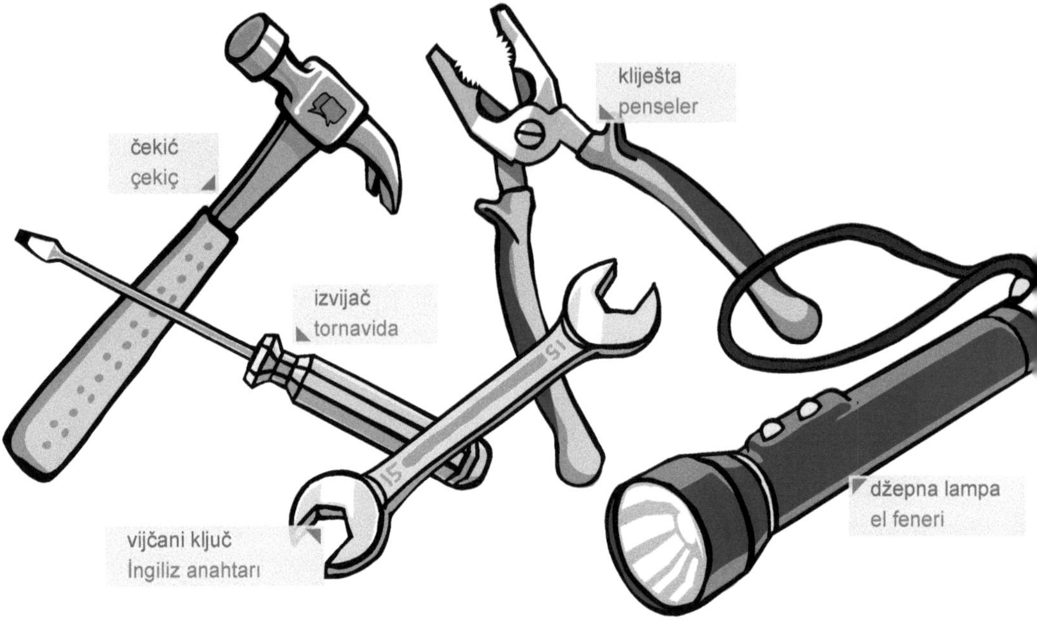

čekić
çekiç
kliješta
penseler
izvijač
tornavida
vijčani ključ
İngiliz anahtarı
džepna lampa
el feneri

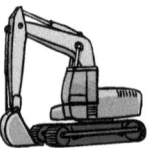

bager

kazı makinesi

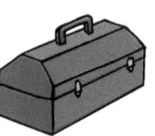

kutija sa alatom

alet çantası

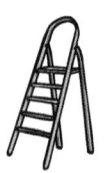

ljestve

merdiven

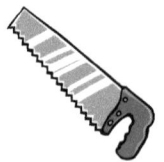

testera, pila

testere

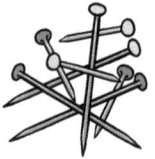

ekser

çiviler

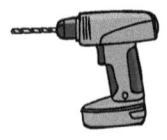

bušilica

matkap

popraviti

tamir etmek

lopata

kürek

sranje!

Kahretsin!

lopatica

faraş

kanta boje

boya tenekesi

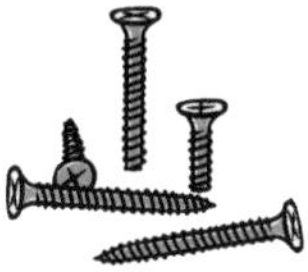

vijak

vidalar

muzički instrumenti
müzik enstrümanı

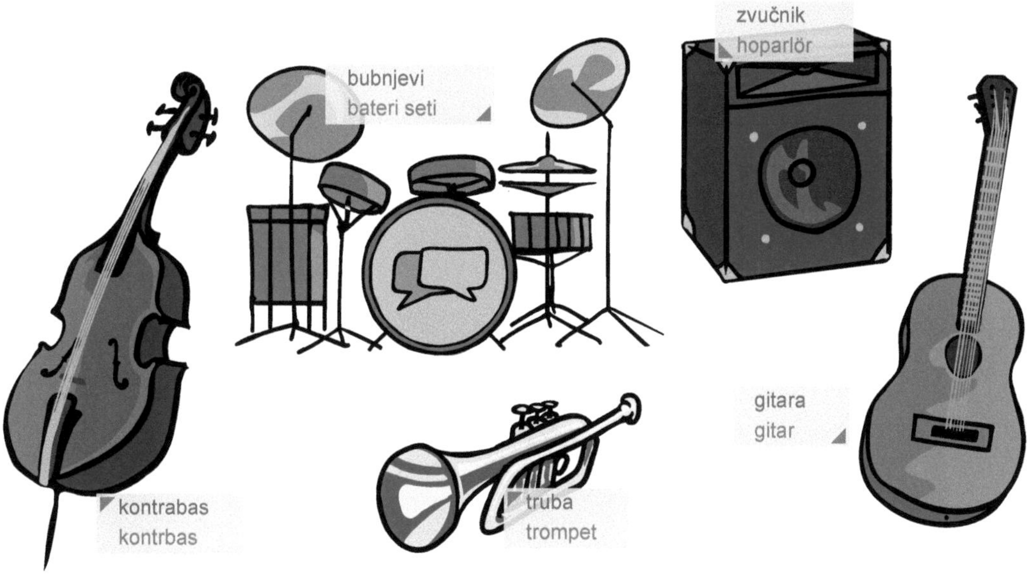

zvučnik
hoparlör

bubnjevi
bateri seti

kontrabas
kontrbas

truba
trompet

gitara
gitar

klavir

piyano

violina

keman

bas

basgitar

bubanj timpani

timpani

bubanj

bateri

sintisajzer

klavye

saksofon

saksafon

flauta

flüt

mikrofon

mikrofon

zološki vrt
hayvanat bahçesi

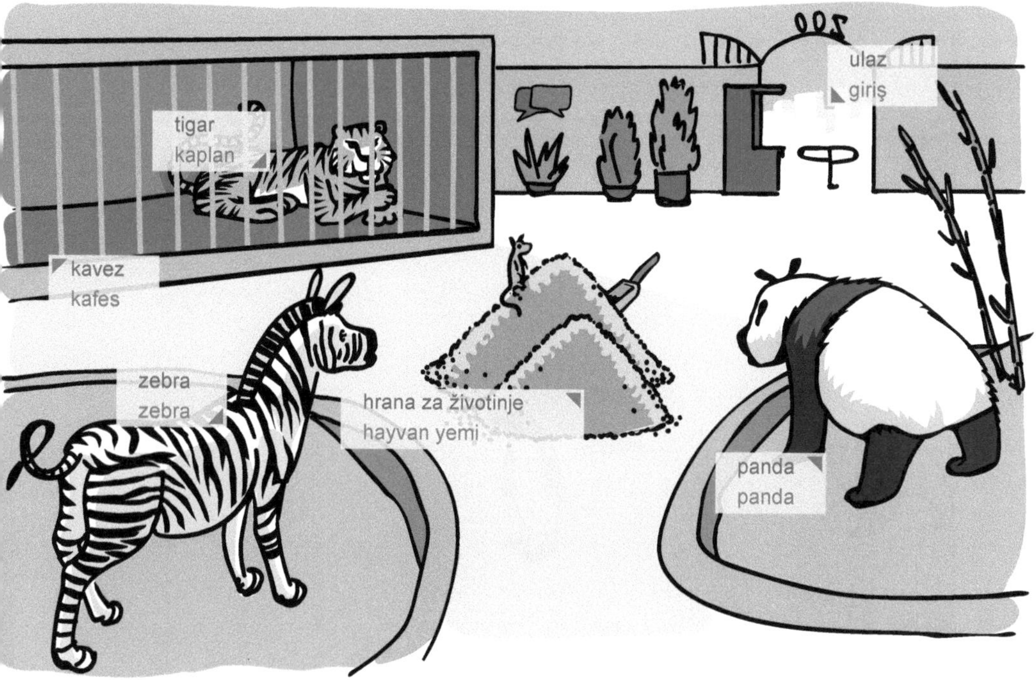

ulaz
giriş
tigar
kaplan
kavez
kafes
zebra
zebra
hrana za životinje
hayvan yemi
panda
panda

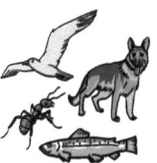

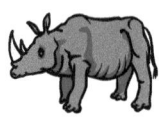

životinje

hayvanlar

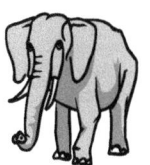

slon

fil

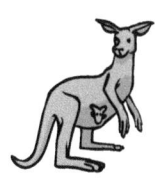

kengur

kanguru

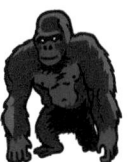

nosorog

gergedan

gorila

goril

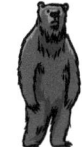

medvjed

ayı

kamila

deve

noj

deve kuşu

lav

aslan

majmun

maymun

flamingo

flamingo

papagaj

papağan

polarni medvjed

kutup ayısı

pingvin

penguen

morski pas

köpek balığı

paun

tavus kuşu

zmija

yılan

krokodil

timsah

čuvar u zoološkom vrtu

hayvanat bahçesi görevlisi

tuljan

fok

jaguar

jaguar

poni
midilli atı

leopard
leopar

nilski konj
su aygırı

žirafa
zürafa

orao
kartal

divlja svinja
yaban domuzu

riba
balık

kornjača
kaplumbağa

morž
mors

lisica
tilki

gazela
ceylan

američki fudbal
amerikan futbolu

vožnja bicikla
bisiklete binme

tenis
tenis

košarka
basketbol

plivanje
yüzme

boks
boks

hokej na ledu
buz hokeyi

fudbal
futbol

bedminton
badminton

laka atletika
atletizm

rukomet
hentbol

skijanje
kayak

polo
polo

aktivnosti
etkinlikler

skakati
atlamak
zagrliti
sarılmak
smijati se
gülmek
ići
yürümek
pjevati
söylemek
sanjati
hayal etmek
moliti
dua etmek
ljubiti
öpmek

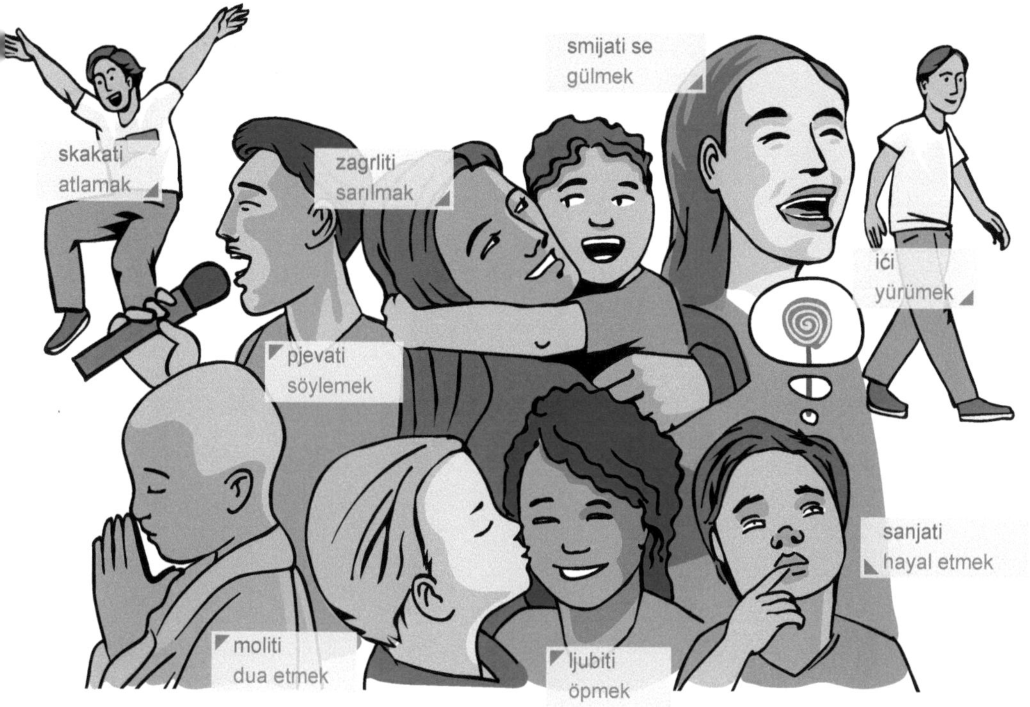

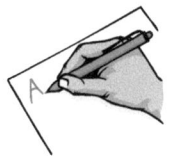

pisati
yazmak

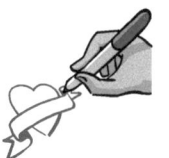

crtati
çizmek

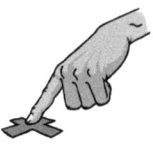

pokazati
göstermek

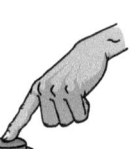

gurati
itmek

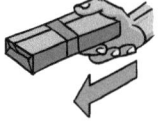

dati
vermek

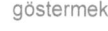

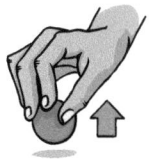

uzeti
almak

imati

sahip olmak

raditi

yapmak

biti

olmak

stajati

ayakta durmak

trčati

koşmak

vući

çekmek

baciti

atmak

pasti

düşmek

ležati

yalan söylemek

čekati

beklemek

nositi

taşımak

sjediti

oturmak

obući

giyinmek

spavati

uyumak

probuditi

uyanmak

aktivnosti - etkinlikler

pogledati

bakmak

plakati

ağlamak

milovati

vurmak

češljati

taramak

govoriti

konuşmak

razumjeti

anlamak

pitati

sormak

slušati

dinlemek

piti

içmek

jesti

yemek

pospremiti

düzenlemek

voljeti

sevmek

kuhati

pişirmek

voziti

sürmek

letjeti

uçmak

jedriti

denize açılmak

računati

hesapla

čitati

okumak

učiti

öğrenmek

raditi

çalışmak

vjenčavti

evlenmek

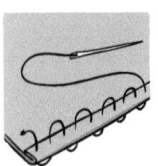

šiti

dikmek

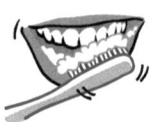

prati zube

diş fırçalamak

ubiti

öldürmek

pušiti

sigara içmek

slati

yollamak

aktivnosti - etkinlikler

baka
büyükanne

djed
büyükbaba

otac
baba

majka
anne

beba
bebek

kćerka
kız

sin
oğul

gost

misafir

ujna, tetka, strina

teyze

ujak, tetak, stric

amca

brat

erkek kardeş

sestra

kız kardeş

tijelo

vücut

čelo
alın
oko
göz
leđa
omuz
prst
parmak
lice
yüz
brada
çene
ruka, šaka
el
grudi
göğüs
noga
bacak
ruka
kol

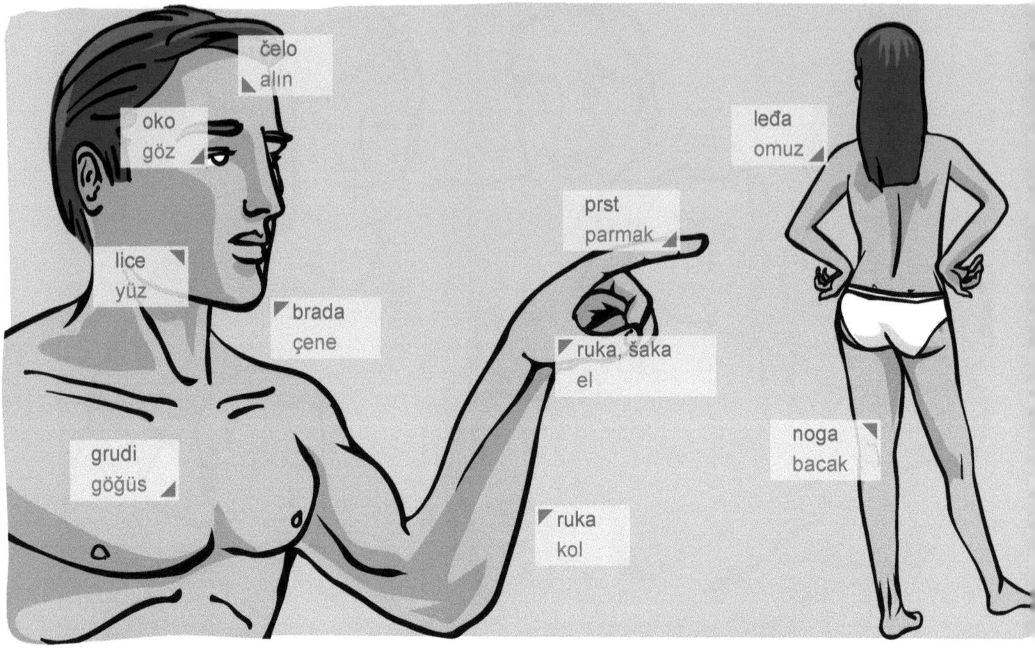

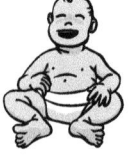

beba

bebek

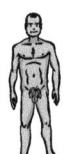

muškarac

adam

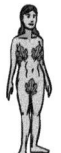

žena

kadın

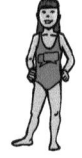

djevojčica

kız

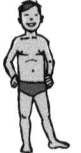

dječak

erkek çocuk

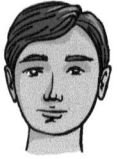

glava

baş

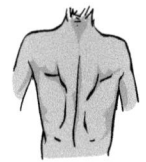

leđa

sırt

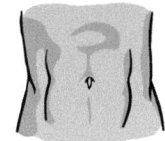

stomak

karın

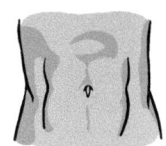

pupak

göbek

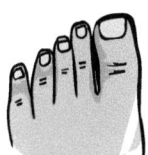

nožni prst

ayak parmağı

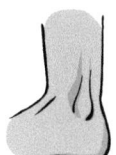

peta

topuk

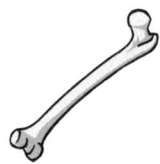

kosti

kemik

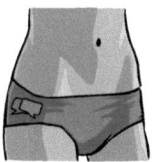

kuk

kalça

koljeno

diz

lakat

dirsek

nos

burun

stražnjica

kalça

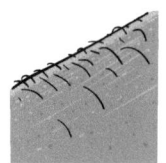

koža

deri

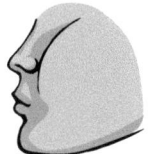

obraz

yanak

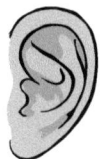

uho

kulak

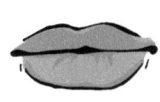

usna

dudak

usta

ağız

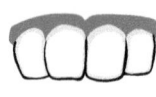

zub

diş

jezik

dil

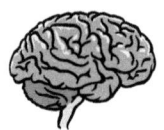

mozak

beyin

srce

kalp

mišić

kas

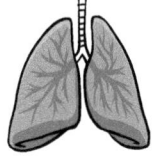

pluća

akciğer

jetra

karaciğer

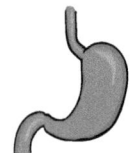

želudac

mide

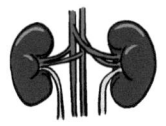

bubreg

böbrekler

spolni odnos

seks

kondom

prezervatif

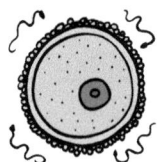

jajna ćelija

yumurtalık

sperma

sperm

trudnoća

hamilelik

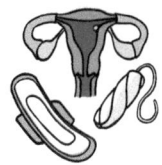

menstruacija
....
regl

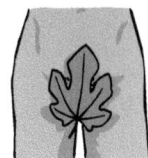

vagina
....
vajina

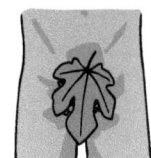

penis
....
penis

obrva
....
kaş

kosa
....
saç

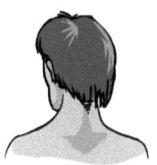

vrat
....
boyun

bolnica
hastane

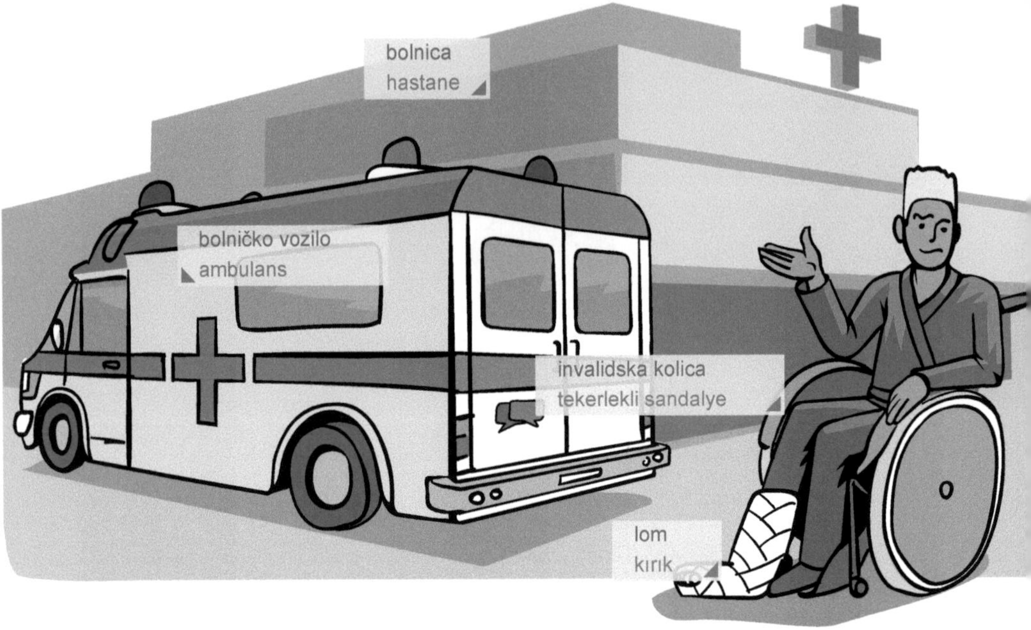

bolnica
hastane
bolničko vozilo
ambulans
invalidska kolica
tekerlekli sandalye
lom
kırık

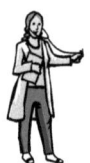

ljekar

doktor

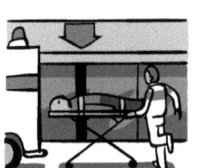

hitna služba

acil servis

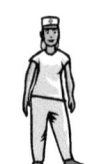

medicinska sestra

hemşire

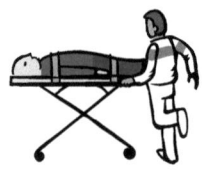

hitna pomoć

acil

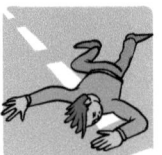

nesvjest

baygın

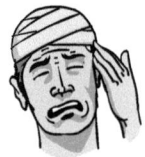

bol

acı

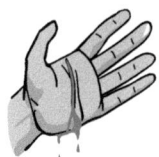

povreda

yaralanma

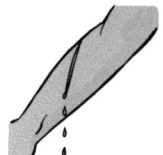

krvarenje

kanama

srčani udar, infarkt

kalp krizi

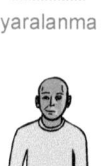

moždani udar

felç

alergija

alerji

kašalj

öksürük

groznica

ateş

gripa

grip

proljev

ishal

glavobolja

baş ağrısı

rak

kanser

dijabetes

şeker hastalığı

hirurg

cerrah

skalpel

neşter

operacija

operasyon

CT

bilgisayarlı tomografi

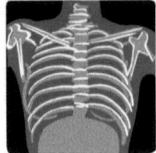

rendgen

röntgen

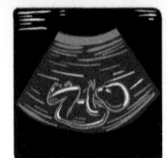

ultrazvuk

ultrason

maska

yüz maskesi

bolest

hastalık

čekaonica

bekleme odası

štake

koltuk değneği

flaster

yara bandı

zavoj

bandaj

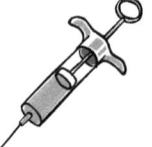

injekcija

enjeksiyon

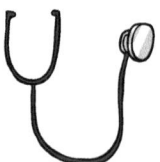

stetoskop

steteskop

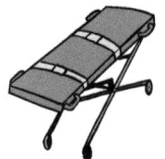

nosilo

sedye

termometar

tıbbi termometre

porod

doğum

prekomjerna težina, debljina

fazla kilo

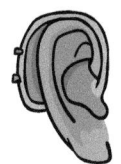

slušni aparat

işitme cihazı

sredstvo za dezinfekciju

dezenfektan

infekcija

enfeksiyon

virus

virüs

HIV/ AIDS

HIV / AIDS

medicina

ilaç

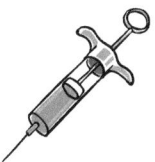

vakcinacija

aşı

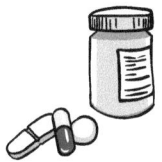

tablete

tablet

pilula

hap

hitni poziv

acil çağrı

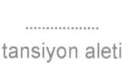

aparat za mjerenje pritiska

tansiyon aleti

bolestan / zdrav

hasta / sağlıklı

Upomoć! İmdat!	 alarm alarm	 napad, prepad darp
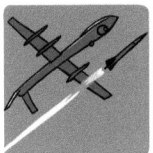 napad saldırı	 opasnost tehlike	 izlaz u slučaju opasnosti acil çıkış
Požar! Yangın!	 vatrogasni aparat yangın tüpü	 nezgoda kaza
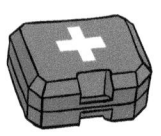 torba prve pomoći ilk yardım çantası	 SOS imdat	 policija polis

Europa

Avrupa

Sjeverna Amerika

Kuzey Amerika

Južna Amerika

Güney amerika

Afrika

Afrika

Azija

Asya

Australija

Avustralya

Atlantik

Atlantik

Pacifik

Pasifik

Indijski okean

Hint Okyanusu

Antarktički okean

Antarktika Okyanusu

Arktički okean

Arktik Okyanusu

Sjeverni pol

Kuzey Kutbu

Južni pol

Güney Kutbu

Antarktik

Antarktika

Zemlja

dünya

zemlja

kara

more

deniz

ostrvo

ada

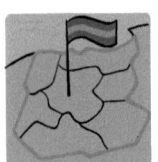

nacija

ulus

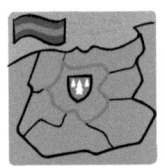

država

ülke

brojčanik sata

kadran

kazaljka sata

akrep

kazaljka minute

yelkovan

kazaljka sekunde

saniye ibresi

Koliko je sati?

Saat kaç?

dan

gün

vrijeme

zaman

sada

şimdi

digitalni sat

dijital saat

minuta

dakika

sat

saat

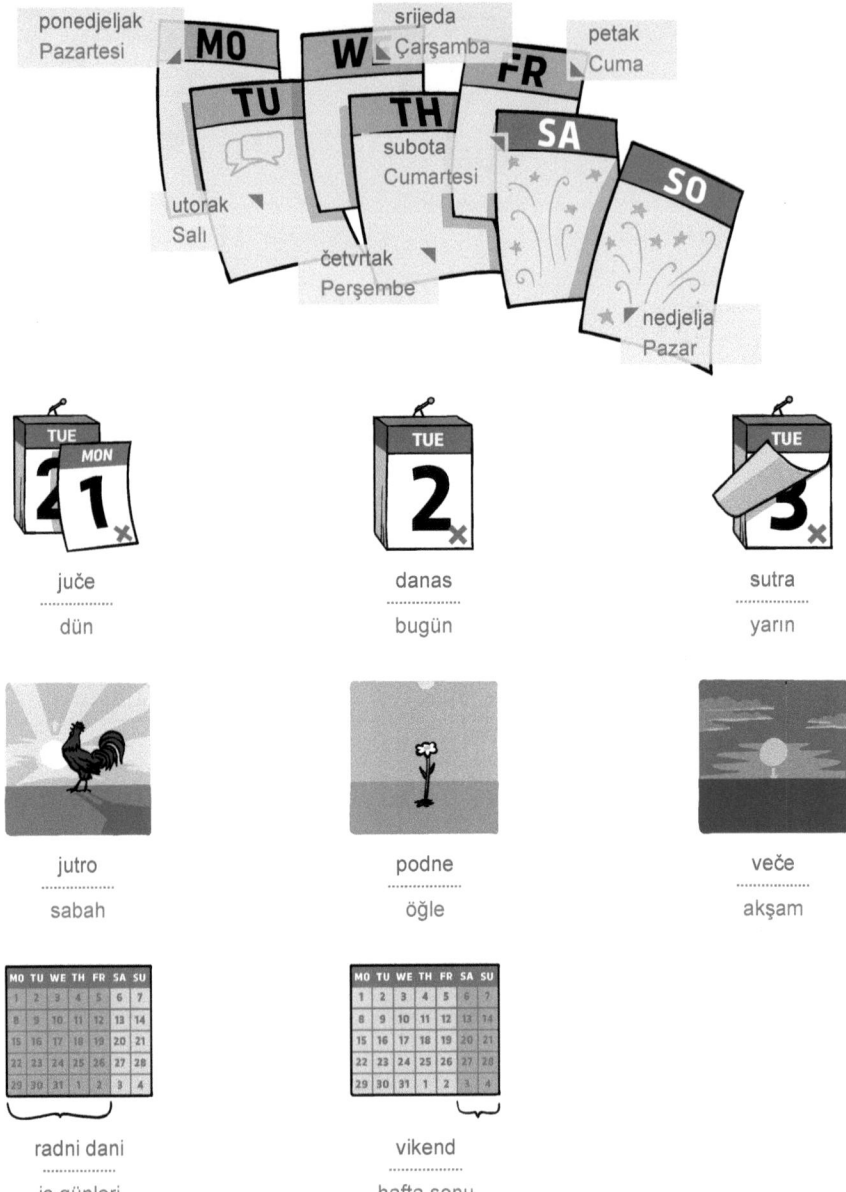

ponedjeljak
Pazartesi

MO

srijeda
Çarşamba

W

petak
Cuma

FR

TU

TH

subota
Cumartesi

SA

utorak
Salı

SO

četvrtak
Perşembe

nedjelja
Pazar

juče

dün

danas

bugün

sutra

yarın

jutro

sabah

podne

öğle

veče

akşam

radni dani

iş günleri

vikend

hafta sonu

godina
yıl

kiša
yağmur
duga
gökkuşağı
vjetar
rüzgar
snijeg
kara
proljeće
bahar
jesen
sonbahar
ljeto
yaz
zima
kış

4.APRIL 11°
5.APRIL 4°
6.APRIL 13°
7.APRIL 8°
8.APRIL 10°

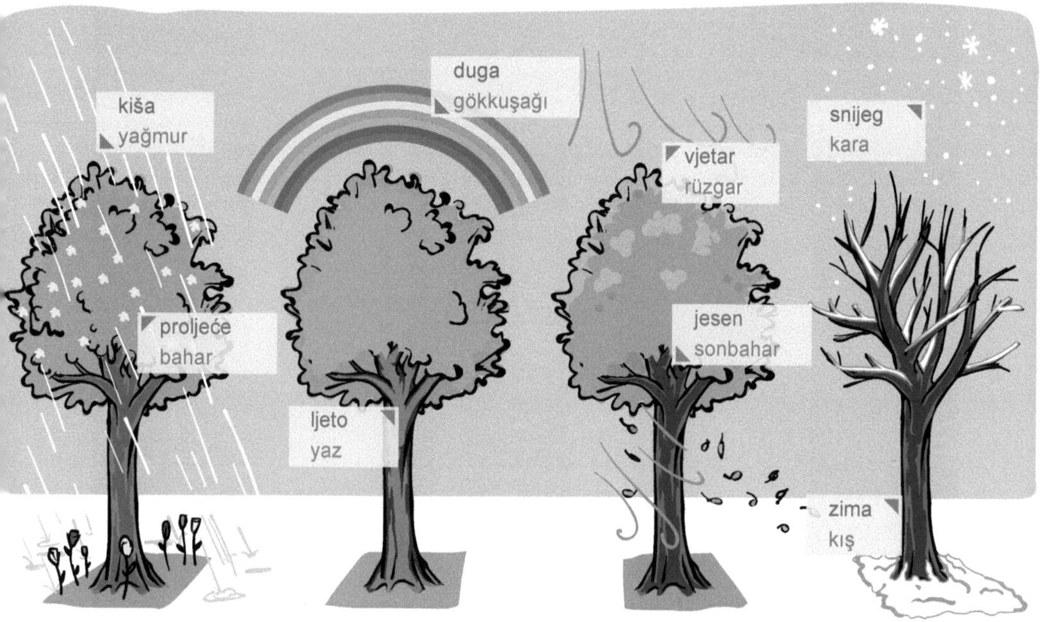

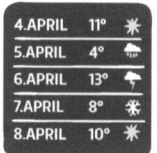

prognoza vremena

hava durumu tahmini

F C
120 40
90 30
60 20
30 10
0 0
-30 -10
-20

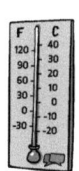

termometar

termometre

sunčev sjaj

güneş ışığı

oblak

bulut

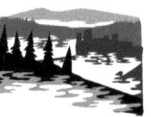

magla

sis

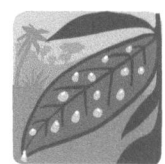

vlažnost vazduha

nem

munja

şimşek

grom

gök gürültüsü

oluja

fırtına

tuča, led

dolu

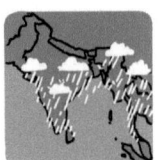

monsun

muson

poplava

sel

led

buz

januar

Ocak

februar

Şubat

mart

Mart

april

Nisan

maj

Mayıs

juni

Haziran

juli

Temmuz

avgust

Ağustos

godina - yıl

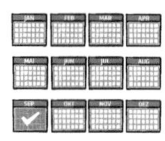

septembar

Eylül

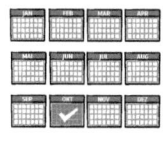

oktobar

Ekim

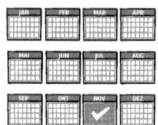

novembar

Kasım

decembar

Aralık

oblici

şekiller

krug

daire

kvadrat

kare

pravougao

dikdörtgen

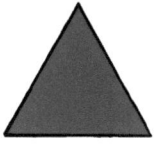

trougao

üçgen

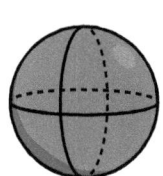

kugla

küre

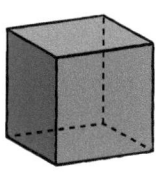

kocka

küp

bjel
....
beyaz

žut
....
sarı

narandžast
....
turuncu

pink
....
pembe

crven
....
kırmızı

ljubičast
....
mor

plav
....
mavi

zelen
....
yeşil

smeđ
....
kahverengi

siv
....
gri

crn
....
siyah

malo / mnogo

çok / az

ljutit / miran

kızgın / sakin

lijep / ružan

güzel / çirkin

početak / kraj

başlangıç / son

veliki / mali

büyük / küçük

svijetlo / tamno

parlak / karanlık

brat / sestra

erkek kardeş / kız kardeş

čist / prljav

temiz / kirli

potpun / nepotpun

tamam / eksik

dan / noć

gün / gece

mrtav / živ

ölü / canlı

široko / usko

geniş / dar

ukusno / neukusno

yenilebilir / yenilemez

zao / prijatan

kötü / iyi

uzbuđen / dosadan

heyecanlı / sıkılmış

debeo / mršav

şişman / zayıf

najprije / najkasnije

ilk / son

prijatelj / neprijatelj

dost / düşman

pun / prazan

dolu / boş

trvd / mekan

sert / yumuşak

težak / lagan

ağır / hafif

glad / žeđ

açlık / susuzluk

bolestan / zdrav

hasta / sağlıklı

ilegalan / legalan

yasa dışı / yasal

inteligentan / glup

zeki / aptal

lijevo / desno

sol / sağ

blizu / daleko

yakın / uzak

nov / polovan

yeni / kullanılmış

ništa / nešto

hiçbir şey / bir şey

star / mlad

yaşlı / genç

uključeno / isključeno

açma / kapama

otvoreno / zatvoreno

açık / kapalı

tiho / glasno

sessiz / gürültülü

bogat / siromašan

zengin / fakir

tačno / pogrešno

doğru / yanlış

hrapav / glatak

pürüzlü / düz

tužan / srećan

üzgün / mutlu

kratak / dug

kısa / uzun

spor / brz

yavaş / hızlı

mokro / suho

ıslak / kuru

toplo / hladno

sıcak / serin

rat / mir

savaş / barış

sayılar

0

nula

sıfır

1

jedan

bir

2

dva

iki

3

tri

üç

4

četiri

dört

5

pet

beş

6

šest

altı

7

sedam

yedi

8

osam

sekiz

9

devet

dokuz

10

deset

on

11

jedanaest

on bir

12

dvanaest

on iki

13

trinaest

on üç

14

četrnaest

on dört

15

petnaest

on beş

16

šesnaest

on altı

17

sedamnaest

on yedi

18

osamnaest

on sekiz

19

devetnaest

on dokuz

20

dvadeset

yirmi

100

sto

yüz

1.000

hiljada

bin

1.000.000

milion

milyon

engleski

İngilizce

američki engleski

Amerikan İngilizcesi

kinesko mandarinski

Çince (Mandarin)

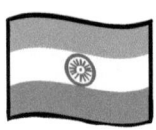

hindi

Hintçe

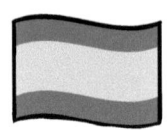

španski

İspanyolca

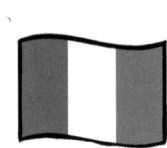

francuski

Fransızca

arapski

Arapça

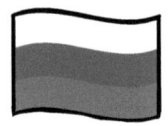

ruski

Rusça

portugalski

Portekizce

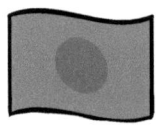

bengalski

Bengalce

njemački

Almanca

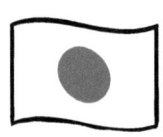

japanski

Japonca

ja

ben

ti

sen

on / ona / ono

o

mi

biz

vi

siz

oni

onlar

ko?

kim?

šta?

ne?

kako?

nasıl?

gdje?

nerede?

kada?

ne zaman?

ime

isim

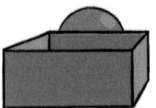

iza
....
arkasında

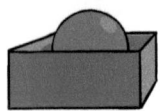

u
....
içinde

pred
....
önünde

iznad
....
üzerinde

na
....
üstünde

ispod
....
altında

pored
....
yanında

između
....
arasında

mjesto
....
yer